BEI GRIN MACHT SICH
WISSEN BEZAHLT

- Wir veröffentlichen Ihre Hausarbeit,
  Bachelor- und Masterarbeit

- Ihr eigenes eBook und Buch -
  weltweit in allen wichtigen Shops

- Verdienen Sie an jedem Verkauf

Jetzt bei www.GRIN.com hochladen
und kostenlos publizieren

Bibliografische Information der Deutschen Nationalbibliothek:

Die Deutsche Bibliothek verzeichnet diese Publikation in der Deutschen National-
bibliografie; detaillierte bibliografische Daten sind im Internet über http://dnb.d-
nb.de/ abrufbar.

Dieses Werk sowie alle darin enthaltenen einzelnen Beiträge und Abbildungen
sind urheberrechtlich geschützt. Jede Verwertung, die nicht ausdrücklich vom
Urheberrechtsschutz zugelassen ist, bedarf der vorherigen Zustimmung des Verla-
ges. Das gilt insbesondere für Vervielfältigungen, Bearbeitungen, Übersetzungen,
Mikroverfilmungen, Auswertungen durch Datenbanken und für die Einspeicherung
und Verarbeitung in elektronische Systeme. Alle Rechte, auch die des auszugsweisen
Nachdrucks, der fotomechanischen Wiedergabe (einschließlich Mikrokopie) sowie
der Auswertung durch Datenbanken oder ähnliche Einrichtungen, vorbehalten.

Impressum:

Copyright © 2016 GRIN Verlag, Open Publishing GmbH
Druck und Bindung: Books on Demand GmbH, Norderstedt Germany
ISBN: 9783668290624

Dieses Buch bei GRIN:

http://www.grin.com/de/e-book/339154/mehr-als-nur-ein-teddybaer-uebergangs-
objekte-und-ihr-einfluss-auf-die

Corinna Fritz

Mehr als nur ein Teddybär. Übergangsobjekte und ihr Einfluss auf die Entwicklung in der frühen Kindheit

GRIN Verlag

GRIN - Your knowledge has value

Der GRIN Verlag publiziert seit 1998 wissenschaftliche Arbeiten von Studenten, Hochschullehrern und anderen Akademikern als eBook und gedrucktes Buch. Die Verlagswebsite www.grin.com ist die ideale Plattform zur Veröffentlichung von Hausarbeiten, Abschlussarbeiten, wissenschaftlichen Aufsätzen, Dissertationen und Fachbüchern.

Besuchen Sie uns im Internet:

http://www.grin.com/

http://www.facebook.com/grincom

http://www.twitter.com/grin_com

Mehr als nur ein Teddybär.

Übergangsobjekte und ihr Einfluss auf die soziale Entwicklung in der frühen Kindheit.

Studienarbeit

Wissenschaftliches Arbeiten

1. Trimester

Abgabe: 31.05.2016

Inhaltsverzeichnis

1. Einleitung

Das Thema der vorliegenden Arbeit eröffnete sich der Verfasserin im Rahmen ihrer erzieherischen Tätigkeit innerhalb einer Kinderkrippe. Denn die meisten Kinder starten ihre Eingewöhnungszeit mit einem Elternteil und einem Kuscheltier. Ist die Eingewöhnungszeit abgeschlossen, verabschieden sich die Eltern am Morgen und gehen zur Arbeit, aber das Kuscheltier bleibt.

In der heutigen Zeit, in der außerfamiliäre Kinderbetreuung immer früher beginnt, ist das Kuscheltier als Wegbegleiter ein aktuelles Thema. Bei der Betrachtung vieler Diskussionen in Online-Foren philosophiert eine Vielzahl von Eltern über das Kuscheltier. Folglich lohnt es sich danach zu forschen, ob nicht doch mehr hinter diesen geliebten Objekten steckt.

Es ergeben sich mehrere Fragen. Kann das Kuscheltier den Ablöseprozess des Kindes erleichtern? Wie bewältigt ein Kind mit Kuscheltier den Alltag in der Kinderkrippe im Vergleich zu einem Kind ohne dieses? Bietet es dem Kind Sicherheit um sich selbstständig entwickeln zu können? Im Rahmen dieser Ausarbeitung soll daher folgende Leitfrage bearbeitet werden. **Sind Übergangsobjekte für die Entwicklung in der frühen Kindheit hilfreich?**

Die Theorie von WINNICOTT beschäftigte sich schon in den 50er Jahren mit der Funktion des Kuscheltiers und gab einen Denkanstoß für weitere Ansichten, wie auch für die Theorie von BOWLBY. Im Abschnitt zwei sollen daher diese zwei Theorien dargestellt und in Beziehung gesetzt werden.

Zur sozialen Entwicklung des Kindes gehört unter anderem, sich von der Mutter abzulösen um die Welt zu erkunden, aber auch sich selbst zu entwickeln, um selbständig mit Herausforderungen klar zu kommen. Im Krippenalltag meistern Kinder viele Situationen ohne ihre Mutter. Sie lösen sich von ihr beim Abschied, gehen ohne sie schlafen und regulieren ihre Emotionen in schwierigen Situationen. Diese Beispiele sollen aufzeigen, ob ein Kuscheltier hilfreich sein kann und bilden daher den Kern der Fallbeispiele im Abschnitt drei.[1]

Im Abschnitt vier erfolgt ein Vergleich der beiden Fallbeispiele. Außerdem werden die Ergebnisse ausgewertet und kritisch betrachtet.

Abschließend soll ein Fazit im Abschnitt fünf die Leitfrage klären.

---

[1] Die Namen der Kinder in den Fallbeispielen, wurden aus Gründen des Datenschutzes geändert.

2. Begriffsklärung und Vorstellung der Theorien

2.1 Definition Übergangsobjekt

Nach der psychoanalytischen Objektbeziehungstheorie[2] von WINNICOTT, ist das Übergangsobjekt ein vom Säugling selbst gewähltes Objekt, welches den intermediären Raum zwischen dem Kleinkind und der Mutter einnehmen kann und ist zugleich der erste „Nicht-Ich" - Besitz des Kindes.[3] Das meist materielle Objekt, wie etwa ein Kuscheltier oder eine Schmusedecke, erlaubt es dem Kind, den Übergang von der ersten frühkindlichen mütterlichen Beziehung zu einer reiferen Beziehung zu vollziehen. Nach WINNICOTT tritt dieses „Übergangsphänomen" häufig im Alter von 4 bis 12 Monaten auf.[4]

Als kurze einprägsame Definition kann das Übergangsobjekt als „zweite Liebe -erster Besitz"[5], wie FOOKEN es als Kapitelüberschrift in ihrem Buch *Puppen – heimliche Menschenflüsterer* formuliert, zusammengefasst oder umgangssprachlich als Kuscheltier beim Namen genannt werden.

2.2 Funktionen der Beziehung zum Übergangsobjekt

Die Beziehung zwischen Kind und Übergangsobjekt ist generell von starker Emotionalität geprägt und laut WINNICOTT grundlegend für normale Entwicklungsverläufe.[6] Das Übergangsobjekt stellt eine Art Projektionsfläche dar, auf die das Kind seine Bedürfnisse, Wünsche aber auch seine Ängste projizieren und sich selbst damit erfahrbar machen kann.[7] Eine der Hauptfunktionen des Übergangsobjektes ist es, beruhigend zu wirken und Spannungen abzuleiten. Eben wegen dieser Wirkung können Übergangsobjekte in spezifischen Situationen, beispielsweise wenn ein Kind müde, verletzt, emotional beunruhigt ist oder einfach nur schwer einschlafen kann, für das Kind von großer Bedeutung sein. So reduziert der Kontakt zum Objekt dabei meist Stress, Angst und Aufregung weshalb das Übergangsobjekt als wichtiger Helfer, beispielsweise in Trennungssituationen wie dem Übergang in Kinderkrippe und Kindergarten, seine Rolle findet.[8]

---

[2] Diese Theorie wird in Abschnitt 2.3 weiter erläutert
[3] Vgl. Winnicott, D.W. (1958) S. 303 f
[4] Vgl. Winnicott, D.W. (1973) S.13
[5] Fooken, I. (2012) S.30
[6] Vgl. Winnicott, D.W. (1973) S. 14
[7] Vgl. Fooken, I. (2012) S.32
[8] Vgl. Fooken, I. (2012) S.33

2.3 Objektbeziehungstheorie nach Donald Winnicott

Gleich nach der Geburt führt die totale Abhängigkeit des Säuglings zu einer Mutter - Kind-Einheit und so beschreibt WINNICOTT die Mutter, in den ersten Monaten nach der Geburt, als Teil des Säuglings und den Säugling als Teil der Mutter.[9] Das Baby erschafft durch seinen Hunger die Illusion der Brust um sein Bedürfnis zu befriedigen und die Mutter stellt sich in dieser Situation zur Verfügung. Dadurch kann Urvertrauen entstehen und das Baby erfährt das Gefühl von Wirklichkeit und Lebendigkeit.[10] Diese Phase löst sich mit der Periode der Entwöhnung ab. In dieser Zeit erschafft sich das Kind ein Übergangsobjekt und mit dessen Hilfe einen Zugang zur äußeren Welt.

„Das Objekt repräsentiert den Übergang des Kindes aus einer Phase der engsten Verbundenheit mit der Mutter in eine andere, in der es mit der Mutter als einem Phänomen außerhalb seines Selbst in Beziehung steht"[11]

Es lernt also, die innere und äußere Welt zu unterscheiden, voneinander getrennt zu halten und zueinander in Beziehung zu setzen.[12] Durch die Schaffung des Übergangsobjektes ist das Kind in der Lage, zwischen Phantasie und Fakten zu unterscheiden und macht damit die ersten Schritte hin zur Entwicklung seines Selbst.[13] Dieses Objekt hat die Qualität, für begrenzte Zeit die psychische Abwesenheit der Mutter zu ersetzen. WINNICOTT bezeichnet dies als Übergangsphänomen und stellte es in folgender Abbildung dar.[14]

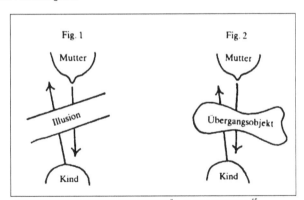

Abb.1 WINNICOTTS Veranschaulichung des Übergangsphänomens[15]

---

[9] Vgl. Winnicott, D.W. (1958) S.308
[10] Vgl. Kögler, M. (2014) S. 196
[11] Winnicott, D.W. (1973) S.25
[12] Vgl. Kögler, M. (2014) S.198
[13] Vgl. Winnicott, D.W. (1973) S.11
[14] Vgl. Winnicott, D.W. (1973) S.315
[15] Vgl. Winnicott, D.W. (1973) S.315

2.4 Grundlagen der Bindungstheorie nach John Bowlby

Grundlegend geht BOWLBY in seiner Bindungstheorie davon aus, dass der Mensch ein biologisch angeborenes Bedürfnis nach Bindung hat.[16]Gleich nach der Geburt beginnt die Entwicklung von Bindungsverhaltensweisen, um bei Bedarf die Nähe zur Bindungsperson herzustellen. Der Säugling sichert sich auf diese Weise Zuwendung, Nähe, Schutz und emotionale sowie reale Sicherheit. Das Bindungsverhalten ist nach BOWLBY sichtbar und zeigt sich unter Anderem darin, dass das Kind in Situationen, in denen es von der Bezugsperson verlassen wird, weint, ihr nachläuft oder mit emotionalem Rückzug reagiert. Besteht jedoch eine sichere emotionale Basis, wird Explorationsverhalten möglich.[17] Eine stabile Bindung schafft folglich die Voraussetzung, die Umwelt zu erkunden und sich zu entwickeln.

2.5 Bezug zu Übergangsobjekten in John Bowlbys Bindungstheorie

Sowohl BOWLBY als auch WINNICOTT waren sich über die Wichtigkeit der Mutter-Kind Beziehung einig und dennoch unterschieden sich ihre Meinungen im Bezug auf das Übergangsobjekt. So lehnte BOWLBY es in einer kritischen Auseinandersetzung mit WINNICOTT ab, den Ausdruck Übergangsobjekt zu verwenden und bezeichnete diese vielmehr als Bindungsobjekt, also als reines Ersatzobjekt. Er vertritt die Auffassung, dass Kinder sich nicht so häufig an unbelebte Objekte binden, wenn sie weniger von der Mutter getrennt sind und ein enger, lebhafter, körperlicher Austausch zwischen Mutter und Kind stattfindet.[18]

Die Bedeutung eines weichen, sinnlichen Gegenstands als Bindungsobjekt sah er jedoch auch durch das Experiment von HARLOW bewiesen. HARLOW fand Anhand von Versuchen mit Affen-Babys heraus, dass diese eine furchtreduzierende Bindung zu einer Stoffmutter gegenüber einer nahrungsspendenden Drahtmutter bevorzugten.[19] Somit war für BOWLBY erkennbar, dass Übergangsobjekte oder eben auch Bindungsobjekte einen bedeutsamen Einfluss auf die Entwicklung einer gesunden Bindungsfähigkeit und eines sozialen Selbst haben.

WINNICOTTS Theorie beschäftigte sich schon früher mit der Thematik. Sie kann als Basis der Forschungen und Diskussionen zum Kuscheltier bezeichnet werden. Daher wird in dieser Arbeit weiterhin vom Übergangsobjekt ausgegangen und dieses auch so benannt.

---

[16] Vgl. Großmann, K.E. (2003) S. 31
[17] Vgl. Großmann, K.E. (2003) S.24 f
[18] Vgl. Beck, B. (1995) S.65
[19] Vgl. Beck, B. (1995) S.64

3. Fallbeispiele aus der Praxis und Interviews mit den Müttern

Nach der Begriffsdefinitionen und der theoretischen Aufführung sollen nun zwei praktische Fallbeispiele von zwei Jungen im Alter von zwei Jahren, diese Arbeit ergänzen. Für die Erstellung der Fallbeispiele, wurden Beobachtungen niedergeschrieben, welche die Kinder in drei grundlegenden Situationen beschreiben. So bieten die Bringsituation am Morgen, das Freispiel und die Schlafsituation am Mittag einen Einblick in die emotionale Regulierung, die Selbstständigkeit der Kinder und in das Bindungsverhalten zwischen Mutter, Bezugserzieherin und dem Übergangsobjekt.

Um einen möglichst umfassenden Eindruck zu gewinnen, sollen Interviews mit den jeweiligen Müttern, zusätzlich die heimische Situation darstellen. Die Befragung der Mütter dauerte mit kurzer Vorstellung des Themas ca. 10 Minuten.

Beide Kinder besuchen eine Kindertagestätte in Bensheim. Es handelt sich hierbei ausschließlich um eine Kinderkrippe in der zurzeit 37 Kinder im Alter von 10 Monaten bis 3 Jahren, in drei Gruppen betreut werden.

3.1 Fallbeispiel I: Kind mit Übergangsobjekt

Jonah kam im März 2015 in die Einrichtung. Er ist im Februar 2014 geboren und zum Beobachtungszeitpunkt 2,2 Jahre alt. Er hat eine vier Jahre ältere Schwester und lebt mit ihr und beiden Elternteilen in einem neu gebauten Einfamilienhaus.

Seine Eingewöhnungszeit in der Einrichtung wurde von seiner Mutter begleitet. Im vorab stattfindenden Eingewöhnungsgespräch erwähnte die Mutter ein Tuch, dass er als Tröster und Begleiter benötigt. Während der Eingewöhnung hatte er dieses Tuch dabei, lies es jedoch oft bei der Mutter und erkundete offen und neugierig die Einrichtung. Die Bezugserzieherin und Jonah bauten schnell eine positive Beziehung auf und so war die Eingewöhnung recht schnell abgeschlossen.

Das Tuch gewann anschließend zunehmend an Bedeutung. Nachdem die Mutter nicht mehr in der Einrichtung blieb, sondern sich gleich verabschiedete, klammerte er sich an das Tuch. Nur durch die Einführung eines Rituals, war es möglich, das Tuch während der Essenszeit und zum Händewaschen weg zu legen. Hierfür brachte er gemeinsam mit der Bezugserzieherin das Tuch in sein Eigentumsfach und wurde dann zur Unterstützung an die Hand oder in den Arm genommen. Nach einem Jahr in der Einrichtung, kann Jonah das Tuch nun selbstständig in sein Fach bringen und benötigt „das Auffangen" durch die Erzieherin nicht mehr.

In der Bringsituation hat Jonah sein Tuch immer noch bei sich und der Abschied von der Mutter gelingt problemlos.[20] Im Tagesverlauf legt er sein Tuch weiterhin jedoch nur zum Essen oder Händewaschen aus der Hand.

Im Freispiel kommt es nun manchmal vor, dass er sein Tuch neben sich legt um spielen zu können. Wenn er sein Tuch dann jedoch nicht gleich wieder findet, beginnt er zu weinen und nach seinem Tuch zu verlangen. Sobald er es wieder hat, gelingt es ihm in kurzer Zeit, sich aufzufangen und nicht mehr zu weinen.[21]

In der Schlafsituation am Mittag, benötigt er sein Tuch und seinen Schnuller. Es gelingt ihm schnell zur Ruhe zu kommen und einzuschlafen,[22]

3.2 Interview mit Jonahs Mutter

Durch eine Befragung der Mutter, konnte zusätzlich in Erfahrung gebracht werden, dass die Geburt von Jonah normal verlief und er etwa 5 Monate gestillt wurde. Den Bezug zum Übergangsobjekt, seinem Tuch, baute er mit ca. 11 Monaten auf. Dabei war sein Objekt kein vorgefertigtes Kuscheltier, sondern der Schlafsack des Kindes. Nachdem dieser zu klein geworden war, wollte die Mutter ihn durch einen neuen ersetzen und erfuhr durch die Reaktion von Jonah, dass er diesen als sein Übergangsobjekt erwählt hatte. So wurden aus dem Schlafsack zwei praktische Tücher genäht, die Jonah im Wechsel überall hin begleiten. Lediglich in konzentrierten Spielsituationen, wird das Tuch kurzzeitig abgelegt. Eine Nacht ohne Tuch hingegen würde nach Zitat der Mutter: „gar nicht gehen." Die Mutter berichtete weiterhin, dass die Familie oft zusammenkommt und die Beziehung zu Jonah durch viel körperliche Zuwendung geprägt ist. [23]

3.3 Fallbeispiel II: Kind ohne Übergangsobjekt

Paul kam im Oktober 2014 in die Einrichtung. Er ist im November 2013 geboren und folglich 2,5 Jahre alt. Er lebt mit seinem fünf Monate alten Bruder und beiden Elternteilen in einer drei Zimmerwohnung.

Auch Pauls Eingewöhnung wurde von der Mutter begleitet. In der Eingewöhnungsphase löste sich Paul schnell von der Mutter und zeigte großes

---

[20] Siehe Anhang: Fritz, C. (2016) S.1
[21] Siehe Anhang: Fritz, C. (2016) S.2
[22] Siehe Anhang: Fritz, C. (2016) S.3
[23] Siehe Anhang: Fritz, C. (2016) S.7

Interesse an den Spielsachen und den anderen Kindern. Dadurch ließ er sich bei Trennungsversuchen gut durch die Bezugserzieherin ablenken und in das Gruppengeschehen integrieren. Noch heute findet Paul nach der morgendlichen Bringsituation schnell in das Gruppegeschehen und kann sich ohne weinen lösen[24].

Im Freispiel ist Paul häufig Teil einer Spielgruppe bestehend aus drei Jungen in seinem Alter. Mit ihnen bevorzugt er bewegungsreiche Tobespiele, kann sich jedoch auch alleine und konzentriert mit einem gewählten Spielobjekt, beispielsweise einem Auto, beschäftigen. Wird ihm dieses Spielobjekt von einem anderem Kind weggenommen, bringt ihn dies in eine emotionale Notsituation in der er mehrere Minuten weint und nach seiner Mutter ruft. Auch der Bezugserzieherin gelingt es in dieser Situation kaum ihn zu trösten oder seine emotionale Regulierung durch Ansprache zu beeinflussen. Außerhalb einer solchen Konfliktsituation, ist Paul ein offener und aktiver Junge, der durch seine kreativen Einfälle oft andere zum Mitspielen inspiriert.[25]

Zur Schlafenszeit am Mittag gelingt es Paul jedoch nur schwer vom Alltag abzuschalten und zur Ruhe zu finden. Das Einschlafen dauert bei ihm eine halbe Stunde.[26]

3.4 Interview mit Pauls Mutter

Durch die Befragung der Mutter konnte in Erfahrung gebracht werden, dass die Geburt von Paul mit Komplikationen verlief. Die Mutter musste während des Geburtsvorganges in Vollnarkose gelegt werden um einen Kaiserschnitt durchzuführen. Auf Grund von Komplikationen, war es erst am nächsten Morgen möglich, Mutter und Kind zusammenzuführen. Dadurch machte sich die Mutter zunächst Sorgen um die Bindung zwischen ihr und Paul. Auch das Paul die Brust verweigerte, trug zu dieser Sorge bei. Nach den anfänglichen Schwierigkeiten, konnten Mutter und Kind jedoch eine sehr gute Beziehung aufbauen. Besonders vor dem zu Bett gehen, ist die körperliche Nähe zwischen Mutter und Kind zu einem Ritual geworden. Seit kurzem habe Paul einen Stoffleoparden mit dem er gelegentlich spielt, sonst aber nicht weiter für ihn von Bedeutung sei.[27]

---

[24] Siehe Anhang: Fritz, C. (2016) S.4
[25] Siehe Anhang: Fritz, C. (2016) S.5
[26] Siehe Anhang: Fritz, C. (2016) S.6
[27] Siehe Anhang: Fritz, C. (2016) S.9

4. Ergebnisse

4.1 Vergleich der Fallbeispiele

Durch die Gegenüberstellung der beiden Fallbeispiele wird gezeigt, dass sowohl mit als auch ohne Übergangsobjekt, eine Verabschiedung der Mutter in der morgendlichen Bringsituation ohne Tränen möglich ist. In schwierigen Situationen, die im Freispiel entstehen können, kann ein Übergangsobjekt Trost spenden und daher der emotionalen Regulierung dienlich sein. Besonders zum Einschlafen, kann ein Übergangsobjekt entspannend wirken. Dass die Auswahl des Übergangsobjektes vom Kind ausgeht, zeigt Jonahs Bindung zu seinem Schlafsack.

Eine anschauliche Übersicht der Unterschiede ist in tabellarischer Form im Anhang beigefügt.[28]

4.2 Darstellung der Ergebnisse und kritische Analyse

Aus dem theoretischen und dem praktischen Teil lassen sich grob folgende Ergebnisse zusammenfassen:

- In WINNICOTTS Theorie erschafft das Kind ein Übergangsobjekt, um sich von der Mutter abzulösen und sein Selbst zu entwickeln.
- In BOWLBYS Theorie ersetzt das Kind durch ein Objekt die Bindung zwischen Mutter und Kind. Er stellt die Behauptung auf, dass Kinder, die viel körperliche Nähe und Zuwendung erhalten, ein solches Ersatzobjekt nicht benötigen.
- Sowohl die Theorie von WINNICOTT, als auch die von BOWLBY, stellen die Notwendigkeit einer Beziehung zwischen Mutter und Kind dar.
- Erst durch eine sichere Bindungsbasis wird Exploration ermöglicht und so bietet nach der Bindung zu Bezugspersonen das Übergangsobjekt eine Basis, um sich selbst zu entwickeln.
- Der Kontakt mit dem Übergangsobjekt kann Stress, Angst und Aufregungen reduzieren und helfen Spannungen und Aggressionen abzuleiten.
- Die Fallbeispiele aus der Praxis zeigen ebenfalls, dass ein Übergangsobjekt in verschiedenen Situationen hilfreich sein kann, jedoch keine Voraussetzung für die Bewältigung eben solcher Situationen ist.

Im folgenden Abschnitt soll sich nun ausführlicher und kritisch mit den Ergebnissen auseinander gesetzt werden.

---

[28] Siehe Anhang: Fritz, C. (2016) S.11

Anhand der durchgeführten Beobachtungen und Interviews, kann überprüft werden, in wie fern die theoretischen Inhalte sich in der Praxis bestätigen. So widerlegt das Beispiel von Jonah, in dessen Familie ein enger, körperlicher Kontakt besteht, BOWLBYS Meinung, dass Kinder dann kein Ersatzobjekt benötigen.

Dass Jonah in seinem Tuch Trost findet und schnell einschlafen kann, ist ein Vorteil für ihn und bestätigt auch die Hauptfunktionen eines Übergangsobjektes nach WINNICOTT. Im Spiel ist Jonah jedoch gehemmt und der Verlust des Tuchs bringt ihn in eine emotionale Notsituation.

In der morgendlichen Bringsituation in der Kinderkrippe, gibt ihm sein Tuch Halt und ermöglicht ein Lösen von der Mutter ohne zu weinen. Doch auch Paul kann sich ohne zu weinen von seiner Mutter verabschieden. Die außerfamiliäre Betreuung der Kinder im Kleinkindalter war zu Zeiten von WINNICOTT und BOWLBY noch nicht so aktuell wie heute zu Tage und wird daher in ihren Theorien kaum berücksichtigt.

Durch Paul wird der Eindruck vermittelt, dass er sich auch ohne Übergangsobjekt selbständig und sicher entwickeln kann. Er kann sich offen im Spiel entfalten und findet sozialen Anschluss bei Gleichaltrigen. Ohne Übergangsobjekt stellen das Einschlafen und Situationen, die ihn überfordern, jedoch Herausforderungen dar, die er selbst bewältigen muss.

Die Betrachtung von lediglich zwei Fallbeispielen ist nicht repräsentativ und bietet keine fundierte Basis zum Erkennen von Verhaltensmustern. Es bietet einen interessanten Einblick, reicht jedoch nicht aus, um einen Einfluss auf die soziale Entwicklung des Kindes darzustellen. Die Theorien zu diesem Thema sind außerdem unter Vorbehalt zu betrachten. So ist jedes Kind individuell und lässt sich nur schwer in eine Theorie einordnen, wie es bei Jonah und Paul zu sehen ist.

5. Fazit

Durch die Studienarbeit war es möglich, einen Einblick in die Thematik der Übergangsobjekte zu erhalten. Die Fallbeispiele verdeutlichen, dass Kuscheltiere besonders im Krippenalltag eine Stütze sein können. Auch die Theorien, die dieser Studienarbeit zu Grunde liegen, gehen von einem Einfluss des Übergangsobjektes auf die soziale Entwicklung aus. Grundsätzlich kann die zu Beginn formulierte Leitfrage nicht eindeutig beantwortet werden, doch ist die Tendenz zu einem Ja zu erkennen.

Jedes Kind, ob mit oder ohne Übergangsobjekt, entwickelt eigene Strategien, um sich im Alltag zu Recht zu finden und sich zu entwickeln. Daher bietet das Kuscheltier eine vielfältige Forschungsbasis. Durch eine Langzeitstudie könnte beispielsweise der Einfluss des Kuscheltiers auf die Beziehungsfähigkeit oder die Persönlichkeitsentwicklung erforscht werden. Weiterhin wäre es möglich in Erfahrung zu bringen, ob Kuscheltiere einen nachweislichen Einfluss auf die Eingewöhnung in der Krippe nehmen. Insofern bleibt das Kuscheltier weiterhin eine spannende Diskussionsgrundlage.

Literaturverzeichnis

- **Beck, B.**,(1995) Übergangsobjektentwicklung und deren Bedeutung – Empirische Studien zur Übergangsobjektentwicklung bei Kindern- und jugendpsychiatrischen Krankheitsbildern, Münster/New York 1995

- **Fooken, I.**,(2012) Puppen – heimliche Menschenflüsterer, Göttingen 2012

- **Großmann, K.E. und Großmann, K.**(Hrsg.),(2003), Bindung und menschliche Entwicklung: John Bowlby, Mary Ainsworth und die Grundlagen der Bindungstheorie, Stuttgart 2009

- **Kögler, M. , Busch, E.**,(2014) Übergangsobjekte und Übergangsräume, Winnicotts Konzepte in der Anwendung, Gießen 2014

- **Winnicott, D.W.** (1973), Vom Spiel zur Kreativität, Stuttgart 2006

- **Winnicott, D.W.** (1958), Von der Kinderheilkunde zur Psychoanalyse, Gießen 2008

Beschreibung / Sequenz einer Situation

Datum: 08.04.2016

Uhrzeit: 08:10 Uhr

Name des Kindes : Jonah S.

Alter des Kindes: 2,2 Jahre

Beschreibung der Ausgangslage:

Jonah wird von seiner Mutter und seiner großen Schwester in die Gruppe begleitet. Nun soll er sich von beiden bis zum Nachmittag verabschieden.

Handlungsverlauf:

Jonah kommt mit seiner großen Schwester und seiner Mutter in die Gruppe. In seiner rechten Hand hält er sein Tuch und drückt es gegen den Körper. Mit der linken Hand, hält er die Hand seiner Mutter. Jonah lacht und sagt: „Hallo". Eine Erzieherin kommt auf ihn zu und kniet sich vor ihn. Sie sagt: „Guten Morgen Jonah. Na, geht's dir gut?" Er antwortet: „Ja" Er schmust sich an das rechte Bein der Mutter und lächelt. Die Erzieherin reicht Jonah eine Hand und sagt: „Na, magst du rüber kommen?" Jonah lässt die Hand der Mutter los, dreht sich zu ihr und winkt. Er setzt sich auf den Schoß der Erzieherin. Die Mutter lacht. Die große Schwester sagt: „Bekomm ich noch einen Kuss?" Jonah sagt: „Nein". Er lacht. Er steht auf und geht zu seiner Schwester und küsst sie. Er dreht sich zum linken Bein der Mutter und umarmt es. Er geht zur Erzieherin und setzt sich auf ihren Schoß. In der ganzen Zeit hält er sein Tuch fest in der rechten Hand. Seine Mutter und seine Schwester verabschieden sich. Jonah winkt.

Beschreibung / Sequenz einer Situation

Datum: 07.04.2016

Uhrzeit: 10:22 Uhr

Name des Kindes/Gruppe: Jonah S.

Alter des Kindes: 2,2 Jahre

Beschreibung der Ausgangslage:

Beobachtung von Jonah in der Freispielzeit. Nachdem er lange auf dem Schoß einer Erzieherin gesessen hat, fragt diese ihn, ob sie gemeinsam mit Lego bauen möchten. Jonah stimmt zu und so gehen beide zur Legokiste.

Handlungsverlauf:

Jonah hat sein Tuch in der rechten Hand und drückt es an den Körper. Er läuft mit der Erzieherin zur Legokiste. Die Erzieherin kniet sich neben die Kiste. Jonah möchte sich auf den Schoß der Erzieherin setzen. Die Erzieherin sagt zu Jonah:"setzt du dich bitte nicht auf meinen Schoß. Setz dich hier hin, dann können wir doch viel besser bauen". Jonah setzt sich auf den Platz auf den die Erzieherin deutet. Die Erzieherin holt einen Stein aus der Kiste und steckt ihn auf eine Legoplatte. Jonah schaut geradeaus. Er knetet sein Tuch. Die Erzieherin nimmt zwei Steine aus der Kiste. Sie bietet Jonah einen Stein an. Er schaut nicht zur Erzieherin. Sie sagt:"willst du den Stein haben". Jonah lächelt und sagt „ja". Er nimmt den Stein und steckt ihn auf die Platte. Die Erzieherin nimmt mehrere Steine und legt sie auf die Platte. Jonah legt sein Tuch neben sich. Er nimmt Stein für Stein und steckt sie auf die Platte. Das Telefon klingelt. Die Erzieherin steht auf und geht zum Telefon. Jonah baut weiter. Er steht auf und geht an die Legokiste. Er holt sich eine neue Legoplatte und steckt Steine darauf. Plötzlich schaut er in seinen Schoß und sagt „Tuch". Er schaut nach rechts, nach links und sagt: „Tuch". Er beginnt zu weinen und schreit: „Tuch, Tuch". Die Erzieherin sagt: „Da ist doch dein Tuch" und zeigt darauf. Jonah krabbelt zum Tuch. Er ergreift es mit der rechten Hand, drückt es an den Körper. Mit der linken Hand reibt er das Logo (ein aufgedruckter Hase). Er schnieft. Er hört auf zu weinen. Die Erzieherin fragt ob alles ok sei. Jonah schaut geradeaus. Mit beiden Händen knetet er das Tuch. Er dreht sich zur Legoplatte. Mit der rechten Hand drückt er das Tuch gegen seinen Körper. Mit der linken Hand baut er weiter mit den Legosteinen.

Beschreibung / Sequenz einer Situation

Datum: 07.04.2016

Uhrzeit: 12:30Uhr

Name des Kindes/Gruppe: Jonah S.

Alter des Kindes: 2,2 Jahre

Beschreibung der Ausgangslage:

Nachdem die Gruppe Zähne geputzt hat und sich für das Schlafengehen umgezogen hat, gehen wir nun in den Schlafraum.

Handlungsverlauf:

Jonah hat sein Tuch in der linken Hand und einen Schnuller im Mund. Er setzt sich auf seine Matratze. Er rutscht hoch und legt seinen Kopf auf dem Kissen ab. Er zieht sich das Tuch auf den Bauch. Die rechte und die linke Hand kneten das Tuch. Er nimmt den Zeigefinger der rechten Hand und reibt das Logo (Bild von einem Hasen) auf dem Schlafsack. Dabei schmatzt er mit seinem Schnuller, atmet tief ein und schließt sie Augen.
Er öffnet die Augen wieder. Er hebt sein Tuch mit beiden Händen hoch. Er dreht es und sucht mit der rechten Hand nach einer Ecke des Tuchs. Er nimmt die Ecke in die linke Hand und führt sie zur Nase. Er reibt das Tuch an der Nase. Er schmatzt mit dem Schnuller und schließt die Augen.
Er hält das Tuch weiterhin mit der linken Hand fest und führt es nun zur linken Wange. Er drückt es zwischen Kissen und Wange und wendet sein Gesicht dem Tuch zu. Er atmet langsam. Er schläft ein.

Beschreibung / Sequenz einer Situation

Datum: 12.04.2016

Uhrzeit: 8:20 Uhr

Name des Kindes/Gruppe: Paul E.

Alter des Kindes: 2,5 Jahre

Beschreibung der Ausgangslage:

Paul wird von seiner Mutter in die Einrichtung gebracht. Er soll sich von ihr bis zum Nachmittag verabschieden.

Handlungsverlauf:

Die Tür geht auf. Paul kommt rein. Er dreht sich zur Tür. Er stellt sich auf die Zehenspitzen und greift mit der linken Hand an die Türklinke. Er nimmt sie und zieht die Tür zu. Er lacht . Er dreht sich um und schaut in die Gruppe. Die Tür geht auf. Pauls Mutter schaut herein. Sie sagt: „Sag mal, willst du ohne mich gehen?" Paul lacht. Er läuft in die Gruppe zu einem Jungen und lacht ihn an. Er hüpft. Der junge hüpft und schreit mit. Eine Erzieherin sagt: „Paul, sagst du noch Tschüss zur Mama?". Paul rennt mit dem Jungen zum Eisenbahntisch. Er greift mit beiden Händen nach mehreren Zügen und schaut auf den Tisch. Die Mutter winkt in den Raum und sagt: „Tschüss". Sie schließt die Tür. Paul spielt mit dem Jungen am Eisenbahntisch.

4

Beschreibung / Sequenz einer Situation

Datum: 14.04.2016

Uhrzeit: 9:30 Uhr

Name des Kindes/Gruppe: Paul E.

Alter des Kindes: 2,5 Jahre

Beschreibung der Ausgangslage:

Paul hat ein Spielzeugauto von zu Hause mitgebracht. Nach dem Frühstück möchte er damit in der Gruppe spielen.

Handlungsverlauf:

Paul geht zu seinem Eigentumsfach. Er greift mit der rechten Hand hinein und holt ein blaues, kleines Polizeiauto heraus. Er geht zum Eisenbahntisch und setzt das Auto auf die Schienen. Er schiebt es auf den Schienen entlang. Ein Junge kommt zu Paul. Er stellt sich neben ihn, greift nach dem Auto und nimmt es. Paul schreit: „Nein!" Er hält es fest. Der andere Junge zieht an dem Auto und sagt: „Meins. Haben!" Paul: „Nein, meins!" Er greift mit der linken Hand an das Auto. Das Auto rutscht aus der Hand. Der andere Junge hat das Auto und rennt weg. Paul bleibt stehen und schreit laut: „Mama, nein, Mama!" Eine Erzieherin kommt zu Paul und sagt: „Komm mal her." Sie nimmt Paul in den Arm. Paul weint. Er kneift die Augen zu. Er schreit: „Nein, Mama, Mama!" Die Erzieherin sagt: „ Ich kann dich verstehen, es war ja dein Auto. Komm wir holen es zurück." Paul weint. Er macht die Augen zu und schreit: „Mama!" Dier Erzieherin nimmt ihn in den Arm und sagt: „Beruhig dich Paul, ich bin da für dich. Soll ich es für dich holen?". Paul weint und ruft nach seiner Mutter. Dier Erzieherin nimmt Mateo auf den Arm und setzt sich in die Kuschelecke. Der Junge mit dem Auto bringt es zu Paul und reicht es ihm. Paul hat die Augen zu, weint und ruft nach der Mutter. Dier Erzieherin sagt: „Schau mal Paul, dein Auto!" Paul öffnet die Augen und nimmt das Auto. Er weint und sagt: „Meins." Er weint noch 4 Minuten bevor er aufhört. Die Erzieherin fragt, ob alles ok ist. Mit einem Taschentuch wischt sie die Tränen weg. Paul hält das Auto mit beiden Händen fest. Er rutscht vom Schoß der Erzieherin und geht wieder zum Eisenbahntisch.

Beschreibung / Sequenz einer Situation

Datum: 11.04.2016

Uhrzeit: 12:30Uhr

Name des Kindes/Gruppe: Paul E.

Alter des Kindes: 2,5 Jahre

Beschreibung der Ausgangslage:

Nachdem die Gruppe Zähne geputzt hat und sich für das Schlafengehen umgezogen hat, gehen wir nun in den Schlafraum.

Handlungsverlauf:

Paul rennt in den Schlafraum und hüpft auf seine Matratze. Er stützt seine Hände auf, drückt seine Knie durch, streckt den Po nach oben und schaut mit dem Kopf durch die Lücke zwischen seinen Beinen. Eine Erzieherin kommt zu ihm und sagt: „Paul, jetzt wird geschlafen. Leg dich hin". Paul senkt den Po. Er krabbelt an das Kopfteil der Matratze. Er dreht sich auf den Rücken und sagt dabei: „Uhwahh". Er lacht. Die Erzieherin möchte Paul zudecken. Paul hebt die Füße und strampelt die Decke weg. Er sagt: „Nein, nicht Decke". Die Erzieherin sagt: „ Aber wir schlafen jetzt". Paul strampelt weiter die Decke weg Die Erzieherin sagt: „Ok, aber Ruhe jetzt bitte." Paul zieht seinen rechten Fuß an und streckt ihn weg. Die Erzieherin legt sich neben Paul. Paul spricht zur Erzieherin: „Tatütata, oder?" Die Erzieherin antwortet: „Nein, jetzt ist Schlafenszeit, kein Tatütata." Paul spricht lauter: „Tatü, tata, tatü, tata." Erzieherin: „Pscht, bitte etwas leiser Paul. Die Kinder können sonst nicht einschlafen." Paul: „Pscht, pscht" er hält sich den Finger vor den Mund. Er dreht sich mit dem Gesicht zur Wand. Er stellt den rechten Fuß an die Wand. Er stellt den linken Fuß an die Wand. Mit beiden Füßen drückt er sich von der Wand weg. Er rutscht mit dem Rücken an die Erzieherin. Die Erzieherin streichelt seinen Rücken. Paul macht Zischlaute. Er dreht sich auf den Bauch. Er zieht die Beine an. Er stützt die Hände auf, drückt die Knie durch und hebt den Po. Die Erzieherin steht auf und nimmt Paul auf den Arm. Sie legt ihn auf den Rücken ab, deckt ihn zu und sagt: „Paul jetzt wird geschlafen. Alle Kinder machen jetzt eine Pause. Nachher kannst du weiterspielen. Und wenn du nicht schlafen möchtest, sei trotzdem leise und ruh dich jetzt aus." Paul reist die Augen weit auf und schaut an die Decke. Er macht leise Zischlaute. Einige Minuten später gähnt er. Er dreht sich auf die linke Seite und schließt die Augen. Nach 30 Minuten ist er eingeschlafen.

Interviewer: Fangen wir mal noch vor Jonah an….hattest du früher ein Tuch, Kuscheltier also ein Objekt, dass du so geliebt hast und dass dir wichtig war?

Mutter: Da muss ich erst mal überlegen (lächelt)….also eigentlich, nicht wirklich.

Interviewer: Kein Kuscheltier das dich immer begleitet hat?

Mutter: Nein. Ich hab später mal mit Puppen gespielt…ach und in meinem Bett waren ganz viele Kuscheltiere. Aber die waren mir egal, die hab ich nicht mitgenommen so wie Jannis sein Tuch. Vielleicht hatte sein Papa ja eins (lacht)

Interviewer: (lacht) Meinst du, wie der Vater so der Sohn?

Mutter: Ja genau (lacht)

Interviewer: Dann kommen wir jetzt auch zu deinem Sohn. War er eine „normale Geburt"?

Mutter: Ja. Er kam im Vergleich zu seiner Schwester richtig flott zur Welt (lächelt)

Interviewer. Aha, ok. Und hast du ihn gestillt?

Mutter: ja. Ich hab ihn so 5 Monate gestillt.

Interviewer: Ok. Und wie lief das Abstillen?

Mutter: äh…. Das lief normal. Er hat sich schnell an die andere Milch gewöhnt.

Interviewer: Ich könnte mir vorstellen, dass er in der Zeit sehr anhänglich war oder?

Mutter: Nicht mehr als sonst. Wir haben immer viel gekuschelt. Wir sind eh so eine Kuschelfamilie (lacht)

Interviewer: Das klingt ja schön…Kuschelfamilie. Mit wem kuschelt er denn deiner Meinung nach am liebsten? Mit dir? Seinem Papa? Seiner Schwester?

Mutter: Mit seinem Tuch (lacht). Uns mag er alle gleich gern kuscheln.

Interviewer: Seit wann hat er denn das Tuch?

Mutter: Ja, ähm, also…dazu muss man etwas ausholen. Sein Tuch war ja eigentlich mal sein Schlafsack! Als er eins wurde, hab ich ihm einen neuen gekauft. Und das war ein riesen Drama! Er hat so geweint und gesagt „Nein, nein, Hase…" Ich war total verzweifelt und hab ihn gefragt „was willst du denn?" und dann nahm er seinen alten Schlafsack und zeigte mir das kleine Bild von dem Hasen das darauf war. Ja und dann wanderte der Schlafsack als Kuscheltuch mit ins Bett. Und weil ich ihn dafür halt einfach zu groß fand, hab ich ihn von seiner lieben Oma zu einem Tuch umnähen lassen….das hat er Gott sei Dank akzeptiert. Es gibt sogar noch ein Ersatztuch…also sie hat zwei daraus gemacht. Aber das will er nicht…da ist kein Hase drauf.

Interviewer: Oh wow. Das ist ja mal kreativ. Und ab da hatte er es immer dabei?

Mutter: Ja genau. Das war auch ganz gut finde ich, weil er ja dann zu euch kam und gleich was hatte von zu Hause.

Interview: Ja das ist wirklich gut. Das Tuch hilft ihm hier super.

Mutter: Ja das stimmt. Auch zu Hause muss es überall mit. Eine Nacht ohne Tuch, geht gar nicht. Aber manchmal lässt er es auch einfach irgendwo liegen…wenn er zum Beispiel mit seiner Schwester spielt. Ja und seine Schwester war ja da fast genauso. Sie hatte damals ja ihre Ente, ihre „Gackgack". Die durfte auch nie fehlen.

Interviewer: Ah ok. Hat er denn sonst noch ein Kuscheltier zu Hause das für ihn wichtig ist?

Mutter: Nein, nur sein Tuch.

Interviewer: Also eine einzig wahre Liebe?

Mutter: Ja genau (lacht)

Interviewer: Ja gut, danke, das war auch schon mein kleines Interview. Vielen Dank. Du hast mir damit sehr geholfen…und wirst Teil meiner ersten Studienarbeit.(lache)

Mutter: (lacht) Na das freut mich aber. Gerne

Interviewer: Mir ist aufgefallen, dass Paul der einzige in meiner Gruppe ist, der kein Kuscheltier oder ähnliches von zu Hause dabei hat. Ich finde das spannend und würde dir deswegen gerne ein paar Fragen stellen, wenn es ok für dich ist?

Mutter: Klar

Interviewer: Also, ich würde aber erst mal etwas vor Paul anfangen. Erinnerst du dich, ob du damals ein Kuscheltier hattest?

Mutter: ähm,….(lacht) also du meinst lange vor Paul. Ähm also ich hatte schon eins. Ich hatte ein Püppchen. Ein kleines weiches mit Kleidchen. Die hab ich geliebt. Die musste überall mit hin. Ich finde es auch schade dass Paul sowas nicht hat. Das ist so süß, wenn Kinder so ein geliebtes Teilchen mit sich rumtragen.

Interviewer: Oh, eine Puppe, ja? Und ja, das sieht wirklich süß aus. Und deine Puppe musste immer mit?

Mutter: Ja. Sie musste mit einkaufen, mit zur Oma, mit zum Arzt und vor allem mit ins Bett. (lacht) Oh Gott, es war echt ein Drama wenn ich sie nicht hatte.

Interviewer: Weißt du noch warum sie so wichtig war?

Mutter: Äh,…gute Frage. Ich fand sie glaub ich, einfach süß.

Interview: Und jetzt hast du einen süßen Sohn.

Mutter (lacht) Ja.

Interviewer: Wie kam er denn zur Welt? Also ich meine, war es eine normale Geburt?

Mutter: Nein. Leider alles andere als normal. Erst mal hatte ich mega Schmerzen. Dann hat sich das mit den Wehen ewig hingezogen. Und dann als ich schon dabei war, gab es Probleme und sie mussten Paul holen. Ich wurde in Vollnarkose gelegt und hab Mateo erst am nächsten Morgen gesehen. Es war schlimm für mich. Ich konnte nicht mehr.

Interviewer: Oh, das klingt wirklich schlimm.

Mutter: Ja, es war noch schlimmer. Als ich ihn dann bekam, konnte ich mich gar nicht richtig freuen. Ich hab mich irgendwie um den ersten Moment betrogen gefühlt. Und dann hab ich die ganze Zeit nur noch Angst gehabt, dass wir niemals eine Bindung aufbauen würden.

Interviewer: Oh ha. Das hätte ich nie gedacht. Das merkt man dir, also euch echt gar nicht an.

Mutter: Ja, heut ist ja auch alles wieder gut.(lacht)

Interviewer: Hast du ihn denn dann überhaupt gestillt?

Mutter: Ich hab es versucht, aber er wollte ja auch nicht. Das hat mich auch fertig gemacht (lacht).

Interviewer: Sorry wenn ich so frage, aber wie hat sich das dann geändert?

Mutter: Er war halt einfach süß(lacht). Und dann war er mein Baby(lächelt).

Interviewer: Das klingt schon alles sehr spannend. Ich bin froh, dass jetzt alles gut ist. Denn Paul und Du ihr seid echt ein gutes Team, finde ich.

Mutter: Ja danke. Ich bin jetzt auch voll und ganz Mutter (lächelt).

Interviewer: Darf ich dich denn noch was fragen oder ist es zu anstrengend?

Mutter: Ach quatsch, ne, frag nur.

Interviewer: Ok. Kuschelt ihr jetzt zu Hause viel?

Mutter: Ja, schon. Ne Zeit lang wollte er es ja nicht so sehr. Aber jetzt kleben wir immer wieder aneinander (lacht). Besonders vorm Schlafen. Das ist so unser Ritual.

Interviewer: Schön. Also ist er ein Mama – Kind?

Mutter: Ja, doch schon. Wenn der Papa ihn ins Bett bringt, kommt nichts bei rum(lacht). Das dauert ewig. Auf mich hört er besser.

Interviewer: Ach ja, echt?

Mutter: Ja. Er kommt oft zu mir wenn was ist. Er ist schon mein bester Freund(lacht).

Interviewer: Ach cool. Siehst du, dann braucht er vielleicht kein Kuscheltier, er hat ja dich.

Mutter: Ja, das stimmt (lacht).

Interviewer: Oder hat er eins zu Hause?

Mutter: Er hat viele zu Hause rum liegen. Man bekommt die ja auch meistens geschenkt. Aber die liegen nur rum oder er schmeißt sie durch die Gegend. Wobei halt, einen Leoparden hat er. Den nimmt er seit kurzem immer und schreit dann dabei wie ein Tiger. (lacht) Mit dem hat er auch neulich mal seinen Papa angebrüllt(lacht).

Interviewer: Ach das find ich ja interessant! (lache) Da muss ich ihn morgen gleich mal fragen. Und nimmt er den sonst auch?

Mutter: Nein, nur manchmal.

Interviewer: Ah ja gut. Und ja, ähm, das waren eigentlich auch schon meine Fragen. Vielen Dank, dass du mir das alles erzählt hast.

Mutter: Kein Problem.

	Kind mit Übergangsobjekt	Kind ohne Übergangsobjekt
Bringsituation	o Trennung ohne weinen o Ablösung durch Übergabe von Mutter zur Bezugserzieherin o körperlicher Kontakt o benötigt sein Kuscheltuch	o schnelle Trennung ohne weinen o selbständiger Übergang in das Gruppengeschehen o kein Körperkontakt durch die Erzieherin nötig
Freispiel	o Ist im Alltag auf sein Tuch und die Erzieher fixiert o Sucht körperlichen Kontakt zur Erzieherin o Löst sich im Spiel nur zögernd von seinem Tuch o Der Verlust des Tuchs beeinflusst sein Spiel und stellt emotionale Herausforderung für ihn da o Durch sein Tuch gelingt es ihm, sich schnell zu regulieren	o Ist im Freispiel oft aktiver Teilnehmer eine Spielgruppe o Entwickelt selbstständig kreative Ideen o In Konfliktsituationen reagiert er mit heftigem weinen und rufen nach der Mutter o Lässt sich nur schwer durch die Erzieherin trösten o Benötigt lange um sich zu regulieren
Schlafsituation	o Kommt durch Tasten. Fühlen, Riechen an seinem Tuch zur Ruhe o Beschäftigt sich ritualisiert mit seinem Tuch o Schläft nach wenigen Minuten ein	o Turnt auf seiner Matratze o Äußert Tiergeräusche und erzählt vom Alltag o Kommt durch mehrmalige Ansprache durch den Erzieher zur Ruhe o Schläft nach einer halben Stunde ein
Informationen durch Befragung der Mutter	o Unkomplizierte Geburt o Ca. 5 Monate gestillt worden o Objekt wird ständig und besonders zum Schlafen benötigt o Familie hat eine enge, körperliche Beziehung	o Komplizierte Geburt, o Zusammenbringen von Mutter und Kind erst am nächsten Tag möglich gewesen o Wurde nicht gestillt o Hat zu Hause mehrere Kuscheltiere, jedoch ohne besonderen Bezug o Kind ist sehr selbstständig und sucht wenig körperliche Beziehung, außer vorm zu Bett gehen

Tabelle 1: Tabellarische Gegenüberstellung der Fallbeispiele zur erleichterten Übersicht

9 783668 290624